westermann

Arbeitsheft

Erarbeitet von
Heike Baligand
Angelika Föhl
Tanja Holtz
Nadine Pistor
in Zusammenarbeit mit der
Westermann-Grundschulredaktion

Bearbeitet von
Heike Baligand
Christina von Weyhe

Unter Beratung von
Nadin Haida-Herklotz
Jutta Ibach
Miriam Jacobs
Katharina Jorga
Insa Scheller
Christina von Weyhe
Prof. Dr. Anja Wildemann

Illustriert von
Anke am Berg, Angela Fischer-Bick,
Gabie Hilgert, Karoline Kehr, Sabine Kranz
und Susanne Schulte

Flex und Flora
Deutsch
2

Inhaltsverzeichnis

Sprache untersuchen

		zu Seite
Gut starten	4	
Selbstlaute einsetzen und mit Zwielauten arbeiten	6	4
Nomen erkennen: Pflanzen und Dinge	8	17
Mit Nomen arbeiten	9	17
Nomen Artikeln zuordnen	10	20
Verben ordnen und schreiben	11	25
Mit Verben arbeiten	12	25
Fragen stellen und beantworten	13	28
Mit Adjektiven genau beschreiben	14	31
Adjektive ergänzen	15	31
Wörter zu Wortfamilien sammeln	16	36
Bildzeichen in der Sprache erkennen	17	39
Emojis kennenlernen	18	39
Englische Wörter entdecken	19	39

Richtig schreiben

Gut starten	20	
Silben in Wörtern erkennen	22	4
Silben zum richtigen Schreiben nutzen	23	5
Sätze richtig abschreiben	24	7
Einen Text richtig abschreiben	25	7
Wörter durch häufiges Schreiben üben	26	8
Wörter mit Karten üben	27	8
Wörter mit Sp / sp und St / st üben	28	14
Wörter mit Qu / qu, Sp und St üben	29	14
Nomen üben	30	19
Satzanfänge erkennen	31	20
Sätze als Sinneinheit erkennen	32	21
Verlängern üben	33	22
Wörter in Sätzen und Texten verlängern	34	22
Wörter mit ver- und vor- bilden	35	24
Wörter mit Wortbausteinen üben	36	25
Mit offenen und geschlossenen Silben arbeiten	37	30
Wörter mit ie üben	39	32
Verben mit ie üben	40	32
Wörter mit doppelten Mitlauten üben	41	35
Wörter mit tz und ck üben	42	35

		zu Seite
Merkwörter mit C / c, x und y üben	43	36
Merkwörter üben	44	36
Rechtschreibstrategien anwenden	45	39
Über die richtige Schreibweise nachdenken	46	39
Kontrollieren und Verbessern üben	47	39

Texte schreiben

Gut starten	48	
Ein Bildgedicht schreiben	50	7
Eine Packliste schreiben	51	9
Eine Bastelanleitung ordnen und schreiben	52	13
Einen Steckbrief über Personen schreiben	54	11
Eine Postkarte schreiben und überarbeiten	55	17
Erlebnisgeschichten überabeiten	56	27
Eine Erlebnisgeschichte schreiben	58	27
Eine E-Mail schreiben	59	29
Eine Einladung planen und schreiben	60	31
Eine Einladung überarbeiten	61	31

Lesen

Gut starten	62	
Wörter genau lesen	64	4
Lesen und malen	65	6
Leserätsel lösen	66	9
Texte ergänzen	67	10
Ein Plakat lesen	68	19
Eine digitale Aufgabe lesen	69	19
Fachbegriffe für Gedichte kennenlernen	70	20
Fachbegriffe für Gedichte üben	71	20
Mit Betonung lesen	72	25
Ein Gedicht zu zweit vortragen	73	27
Eine Geschichte lesen	74	33
Medien interessenbezogen auswählen	76	39
Über Mediennutzung nachdenken	77	39
Eine Fantasiegeschichte lesen	78	41
Ein Buch vorstellen	80	44

Gut starten

Datum: ____________

1 Schreibe die 10 fehlenden Buchstaben.

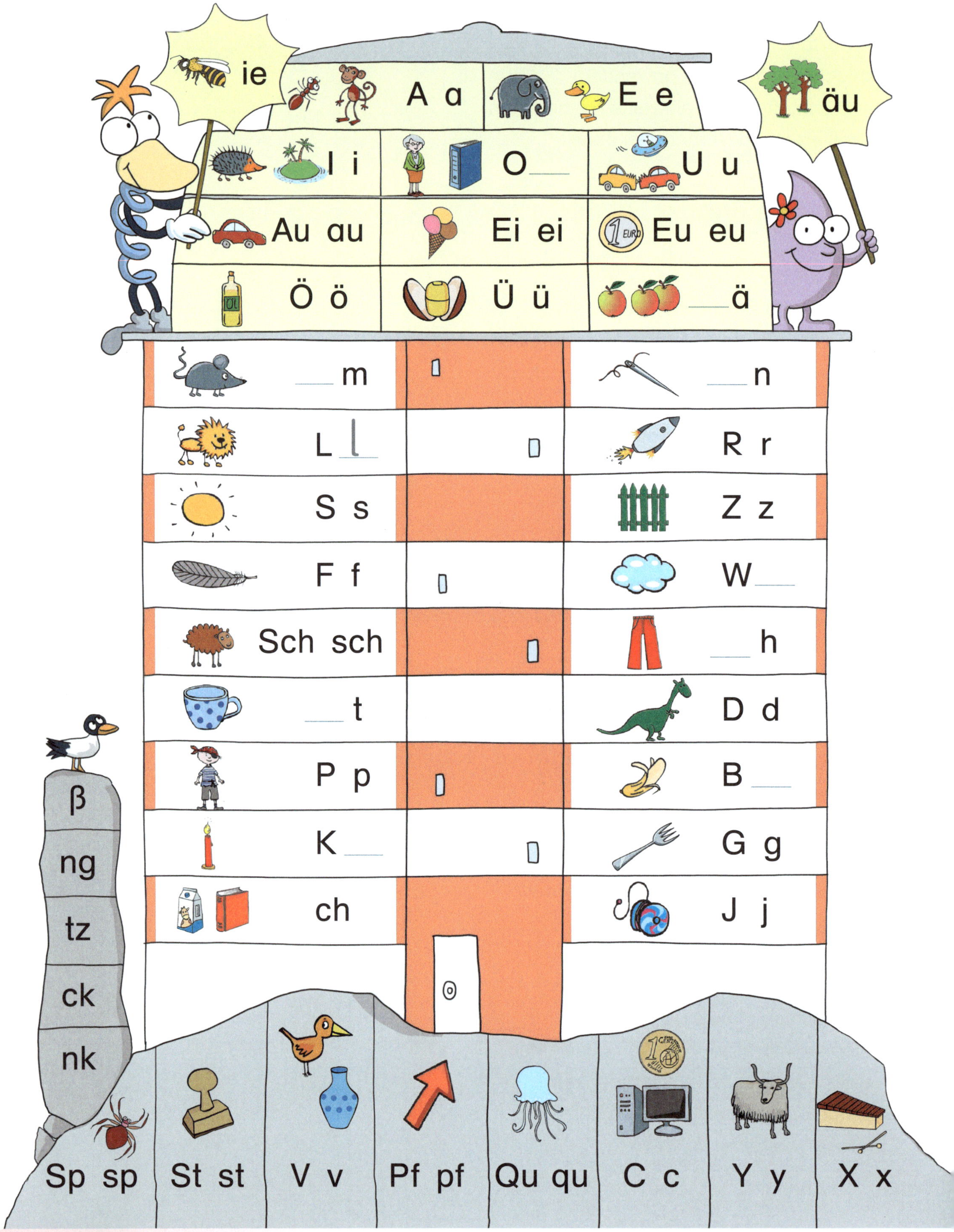

Datum: ______________

2 Schreibe die Wörter.

3 Zeichne Silbenbögen.
Welches Wort hat mehr Silben? Kreuze an.

4 Wo hörst du den Laut G/g? Kreuze an.

Selbstlaute einsetzen …

Datum: ____________

1 Suche dir für die Aufgaben 2 und 3 ein Partnerkind.

____
Unterschrift Partnerkind

2 Setzt die Selbstlaute ein.
Lest euch die Sätze vor.

Pavel h<u>a</u>t gr__ßen H__nger.

Er w__ll ein Br__t mit B__tter.

Elena tr__nkt ein Gl__s M__lch.

3 Setze die Selbstlaute, Umlaute und Zwielaute ein.
Lies die Sätze einem Partnerkind vor.

Samuel m__chte h__te M__sli __ssen.

Auch H__ferbr__ mit Bl__beeren schm__ckt ihm g__t.

4 Schreibe die Sätze von Aufgabe 3 mit den Selbstlauten.
Markiere alle Selbstlaute, Umlaute und Zwielaute.

Samuel möchte

5 Schreibe die Wörter mit veränderten Selbstlauten.
Markiere die Selbstlaute.

a → u	u → a	o → u	i → a
Tasche	Hund	Mond	Wind
Tusche			

S. 4

Selbstlaute einsetzen und Sätze lesen
Selbstlaute in Wörtern erkennen und markieren
Selbstlaute in Wörtern verändern

KV 11
Fö 12

Datum: ____________

6 Markiere die Zwielaute **au**, **Ei/ei** und **Eu/eu** in den Wörtern.

7 Schreibe die Wörter von Aufgabe 6 nach Zwielauten geordnet.

au	Mauer
Ei/ei	
Eu/eu	

8 Setze die passenden Zwielaute **au**, **ei**, **eu** ein.

der St<u>ei</u>n   der Z____n   die Fr____ndin   t____er

die Z____t   der B____ch   bl____ben   h____te

9 Markiere die Zwielaute. Schreibe die Wörter.

f r eu e n	freuen	L eu t e	
S ei f e		Eu r o	
Au g u s t		F r ei t a g	
R ei t e r		s c h n ei d e n	

Datum: ____________

1 Schreibe die Einzahl oder die Mehrzahl der Wörter.
Markiere die Anfangsbuchstaben.

ein/eine → Einzahl	viele → Mehrzahl
eine Blume	
	viele Puppen
eine Hecke	
	viele Stifte
eine Tür	

Wörter für Pflanzen und Dinge sind Nomen. Du schreibst sie groß: **eine Blume – viele Blumen, eine Puppe – viele Puppen.**

2 Setze die Nomen in den Text ein.

Steine	Eimer	Schere	Blumen

Familie Schuster arbeitet im Garten.

Papa hat eine __________ in der Hand.

Er will einige __________ abschneiden.

Lars sammelt viele __________ in einem __________.

3 Löse die Rätsel und schreibe. Denke an Obst und Gemüse.

Sie ist gelb und gebogen: eine ___ ___ ___ ___ ___ ___

Sie ist gelb und sehr sauer: eine ___ ___ ___ ___ ___ ___ ___

Sie ist grün und lang: eine ___ ___ ___ ___ ___

Sie ist rot und rund: eine ___ ___ ___ ___ ___ ___

S. 17

1 Markiere die Nomen im Text.

Jette und **Mats** wohnen auf einem **Bauernhof**.
Dort gibt es einen großen Stall,
in dem Kühe stehen.
Die Eltern pflanzen Gurken an.
Auch Äpfel und Birnen ernten sie.
Vor dem Haus laufen Hühner und Gänse herum.

2 Schreibe die Nomen von Aufgabe 1 geordnet in die Tabelle.

Menschen	Tiere	Pflanzen	Dinge
Jette			Bauernhof
Mats			

3 In jeder Zeile steht ein Nomen. Es ist falsch geschrieben.
Streiche es durch und schreibe es richtig.

~~stühle~~	sehen	stark	Stühle
traurig	tante	toll	
fein	füllen	frösche	
zwiebel	zu	zeigen	

4 Schreibe den Satz richtig.

igel fressen gern spinnen und käfer. 3 Nomen

____

Nomen Artikeln zuordnen

Datum: ____________

1 Markiere im Kasten die Wörter vor den Nomen.
Schreibe die Nomen geordnet in die Tabelle.

der Affe	das Gemüse	die Pizza		der Füller
die Stange	das Blatt	der Computer		das Wort
der Magnet	die Ente	das Jahr	der Euro	die Puppe
das Salz	das Wetter	die Tochter	die Familie	der Wind

der	die	das

2 Schreibe die Nomen mit bestimmtem und unbestimmtem Artikel.

	der Zahn	ein

S. 20

12-13

Den bestimmten Artikeln Nomen zuordnen
Nomen mit Artikel schreiben

Verben ordnen und schreiben

Datum: ______________

1 Suche dir ein Partnerkind für die Aufgaben 2–5.

____
Unterschrift Partnerkind

2 Erklärt oder spielt die Verben.

antworten	hüpfen	rufen	kriechen
spazieren	fragen	stolpern	schreien

3 Welche Verben von Aufgabe 2 haben mit den Beinen zu tun? Markiert sie.

4 Welche Verben passen zu den Beinen, welche zum Mund? Sammelt Verben.

a) Jeder schreibt Verben, die zu den Beinen oder zum Mund passen. Ihr könnt auch die Verben von Aufgabe 1 verwenden.

b) Tauscht das Heft mit dem Partnerkind.

c) Schreibt weitere Verben.

Verben, die zu den Beinen passen	Verben, die zum Mund passen
hüpfen	antworten

5 Bildet abwechselnd Sätze mit den Verben von Aufgabe 4.
Ich hüpfe auf einem Bein.

Mit Verben arbeiten

Datum: ____________

1 Welches Verb passt? Markiere.

Mika und Hanna [rennen / kochen / sitzen] in der Wanne.

Bunte Blumen [spielen / blühen / rufen] im Garten.

Der fremde Hund [wedelt / schreibt / trinkt] mit dem Schwanz.

2 Schreibe jeweils einen sinnvollen und einen lustigen Satz.

Pauline und Nils ____________ in der Schule.

Pauline und Nils ____________ in der Schule.

Tante Gunilla ____________ in der Küche.

Tante Gunilla ____________ in der Küche.

3 Mache die Verbprobe. Markiere in jedem Satz das Verb.

Moritz und Orkan spielen im Kinderzimmer.
Plötzlich hört Moritz ein lautes Geräusch.
Die Jungen laufen zum Fenster.
Ein Polizeiauto rast um die Ecke.
Das blaue Licht blinkt auf dem Autodach.

4 Sage einem Partnerkind 2 lustige Sätze.

S. 25

16

Sinnvolle und lustige Sätze mit Verben bilden
Verben in Sätzen mithilfe der Verbprobe erkennen und markieren

KV 29
Fö 37, 38
HR

 Datum: ____________

1 Schreibe das Fragewort. Setze die Satzzeichen.

Wer	Wo	Was	Wann	Wohin	Womit

Wann treffen wir uns ? — Wir treffen uns um 7 Uhr.

____ treffen wir uns ___ — Wir treffen uns vor der Schule.

____ fahren wir ___ — Wir fahren ins Bergwerk.

____ kommt mit ___ — Alle Kinder und einige Eltern der Klasse 2a kommen mit.

____ fahren wir ___ — Wir fahren mit dem Zug.

____ machen wir im Bergwerk ___ — Wir machen eine Führung.

2 Ergänze die fehlenden Satzteile.
Setze die Satzzeichen . oder ?.

Was ist dein Lieblingstier ___

Mein Lieblingstier ist ______________________

Was ist dein Lieblingsessen ___

Ich esse am liebsten ______________________

Was ist deine Lieblingsfarbe ___

Am liebsten mag ich ______________________

Was ist deine Lieblingskleidung ___

Ganz toll finde ich ______________________

Mit Adjektiven genau beschreiben

Datum: ____________

1 Schreibe die Adjektive in die Lücken.

Das ist ein Ball.

Das ist ein kleiner Ball.

Das ist ein kleiner, runder Ball.

Das ist ein Pullover.

Das ist ein ____________ Pullover.

Das ist ein ____________, ____________ Pullover.

Das ist ein ____________, ____________, ____________ Pullover.

2 Male das Mädchen nach der Beschreibung weiter.
Markiere die Adjektive.

Suse hat einen langen Zopf.
Im Haar sieht man eine rote Schleife.
Sie hat eine eckige Brille auf.
Ihre Hose ist gelb und ihr Pullover ist grün.

3 Beschreibe den Jungen. Setze passende Adjektive ein.

Kjell hat kurze Haare.

Er trägt eine ____________ Brille.

Seine Jeans ist ____________

und seine Jacke ist ____________.

4 Beschreibe einem Partnerkind ein Kind aus deiner Klasse ganz genau.
Verwende viele Adjektive.

S. 31

Mehrere Adjektive in einem Satz einsetzen
Adjektive in einem Text erkennen
Eine Person mit Adjektiven beschreiben

Datum: ____________

warm
dick
interessant
klein
dünn
grün
blau
schwer
langweilig
lang
spannend
kurz
leicht

1 Setze passende Adjektive ein.

Das ist ein warmer Schuh.
Das ist ein ______ Schuh.
Das ist ein ______ Schuh.

Ich habe eine grüne Jacke an.
Ich habe eine ______ Jacke an.
Ich habe eine ______ Jacke an.

Das ist ein schweres Buch.
Das ist ein ______ Buch.
Das ist ein ______ Buch.

2 Setze passende Adjektive ein.

Mein Traumklassenraum

Ich möchte ______ Farbe an den Wänden.
Vor den Fenstern hängen ______ Gardinen.
Auf dem Boden liegt ein ______ Teppich.
Es gibt keine Stühle, sondern ______ Sessel.

3 Beschreibe einem Partnerkind dein Traumzimmer.
Verwende viele Adjektive.
Ich möchte ein … Zimmer haben. …

Wörter zu Wortfamilien sammeln

1 Suche dir ein Partnerkind.
Sammelt Wörter zu den Wortfamilien.

____
Unterschrift Partnerkind

a) Jeder schreibt zu jedem Wortstamm passende Wörter. Nomen schreibt ihr groß.

b) Tauscht die Hefte.

c) Schreibt weitere Wörter.

Putz / putz

Putzlappen

Seh / seh

Fernseher

Ess / ess

Abendessen

Roll / roll

Rollbrett

2 Markiere in den Wörtern von Aufgabe 1 den Wortstamm.

S. 36

Mithilfe einer kooperativen Methode zu verschiedenen Wortstämmen Wortfamilien bilden
Wortstämme markieren

Bildzeichen in der Sprache erkennen

1 Schreibe die Wörter neben die Bildzeichen.

Fußball	Radfahren	Reiten	Skifahren	Tennis	Schwimmen

 ______________  ______________

 ______________  ______________

 ______________  ______________

2 Verbinde die Bildzeichen mit den Wörtern.

Regen
Sonne
Mensch
Kanu
reden

sehen
Fluss
kämpfen
Weg
fremder Mensch

Pferdespur
Büffel
essen
Zelt
Wald

Datum: ______________

1 Was bedeuten diese Emojis?
Kreuze an.

- ☐ Ich bin traurig und weine viel.
- ☐ Ich weine, weil ich Zwiebeln schneide.
- ☐ Ich muss vor Lachen weinen.

- ☐ Ich habe hier einen Pickel.
- ☐ Mein Kinn juckt.
- ☐ Ich denke nach.

- ☐ Meine Hände sind sauber.
- ☐ Ich umarme dich.
- ☐ Ich trage keine Handschuhe.

2 Zeichne das passende Emoji neben die Sätze.

Ich bin
ziemlich müde.

Ich erzähle
das Geheimnis
nicht weiter.

Ich freue mich
auf das
leckere Essen.

Ich habe das
nicht so ernst
gemeint.

3 Sprich mit einem Partnerkind.
- Wann benutzt du Emojis?
- Warum werden Emojis so oft benutzt?

____
Unterschrift Partnerkind

S. 39
26

1 Verbinde die englischen mit den deutschen Wörtern.

Party	zelten
Sandwich	Feier
Team	Laden
campen	leiten, führen
Shop	Mannschaft
managen	belegtes Brot

Event	Rollbrett
Skateboard	verstehen
checken	Veranstaltung
Story	schön
Power	Geschichte
nice	Kraft

2 Durch welches Wort kannst du das unterstrichene Wort ersetzen? Schreibe.

Pool | Shorts | shoppen | ~~Dressing~~ | Baby

Ich esse Salat mit Soße. Dressing

Ich gehe einkaufen. ____________

Im Sommer trage ich kurze Hosen. ____________

Ich bade in Opas Schwimmbecken. ____________

Ein Säugling schläft viel. ____________

Datum: ____________

1 Sprich die Wörter für die Bilder deutlich.

a) Welche Wörter beginnen mit **K**? Kreuze an.

☒ ☐ ☐ ☐ ☐ ☐

b) Welche Wörter beginnen mit **D**? Kreuze an.

☐ ☐ ☐ ☐ ☐ ☐

c) Welche Wörter beginnen mit **F**? Kreuze an.

☐ ☐ ☐ ☐ ☐ ☐

d) Welche Wörter beginnen mit **B**? Kreuze an.

☐ ☐ ☐ ☐ ☐ ☐

2 Verbinde und schreibe.

Man	Mau	Lei	Pin	Am	Ei
ter	tel	er	pel	mer	sel

Mantel

28

Wörter deutlich sprechen
Den Anlaut diskriminieren
Wörter aus Silben bilden und schreiben

KV 43
Fö 56-58

Datum: ____________

3 Schreibe die Wörter.

 Schaf

4 Schreibe deine Lieblingswörter.

Silben in Wörtern erkennen

Datum: ____________

1 Sprich deutlich und in Silben. Zeichne Silbenbögen.

2 Verbinde.

o

o a

o o i

u e

e o e

u

a a e

a

A e

i e

o e

o o a e

S. 4

Durch deutliches Sprechen die Silbenanzahl identifizieren
Silben mit vorgegebenen Vokalen Bildern zuordnen

Datum: ____________

1 Schreibe die Selbstlaute in die Silbenbögen.

e e o

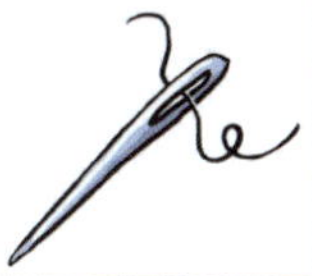

Sprich die Wörter deutlich.

In jeder Silbe ist ein Selbstlaut.

2 Markiere die Selbstlaute. Zeichne Silbenbögen.
Schreibe die Wörter geordnet in die Tabelle.

Stern	Salami	Läufer	Haselnuss
Mantel	Fisch	Käsebrot	Faden
Insel	Stift	Hustensaft	Ball

◡	◡◡	◡◡◡
Stern		

Sätze richtig abschreiben

Datum: ______________

1 Schreibe die Wörter ab. Arbeite Schritt für Schritt.

	der Sohn			der Sohn		
	beißen					
	die Uhr					
	der Abend					
	schnell					

2 Sprich mit einem Partnerkind.
Was hast du in Aufgabe 1 markiert?
Ich habe im Wort Sohn das h markiert, weil …

Unterschrift Partnerkind

3 Schreibe die Sätze ab. Arbeite Schritt für Schritt.
Merke dir in jedem Satz die Wörter in einer Farbe.

Ich lese gern Bücher über Tiere.

Jeden Dienstag gehe ich zum Judo.

In der Pause spiele ich mit Freunden.

In meiner Klasse sind viele nette Kinder.

S. 7

30

Abschreibschritte bei Wörtern und Sätzen anwenden
Strukturierung von Sätzen in Wortgruppen kennenlernen
Sätze abschreiben

KV 46-48
Fö 63

Einen Text richtig abschreiben

Datum: ____________

1 Schreibe den Text ab. Arbeite Schritt für Schritt.
Benutze den Abschreibpfeil.
Merke dir in jedem Satz die Wörter in einer Farbe.

Gute Nacht

Um acht Uhr muss Bilal ins Bett.
Aber er ist noch gar nicht müde.
Sein Bruder schläft mit ihm im Zimmer.
Gern würde Bilal mit ihm sprechen.
Aber sein Bruder schläft schon.
Bilal kann nicht einschlafen.

2 Sprich mit einem Partnerkind.
Was hast du im Text markiert?
Im ersten Satz habe ich … markiert, weil …

____
Unterschrift Partnerkind

1 Lies den Text.
Wähle 3 Wörter aus, die für dich schwierig sind.
Kreise sie ein. Markiere in jedem Wort die schwierige Stelle.

Ausflug

Die Kinder der 2b fahren in den Zoo.
Alle sitzen im Bus und freuen sich.
Sie wollen viele Tiere sehen.
Um 12 Uhr füttern sie die Ziegen.

2 Übe die Wörter, die du in Aufgabe 1 eingekreist hast:

a) Schreibe ein Wort 5-mal in die **roten** Felder.

b) Schreibe das nächste Wort 5-mal in die **blauen** Felder.

c) Schreibe das dritte Wort 5-mal in die **grünen** Felder.

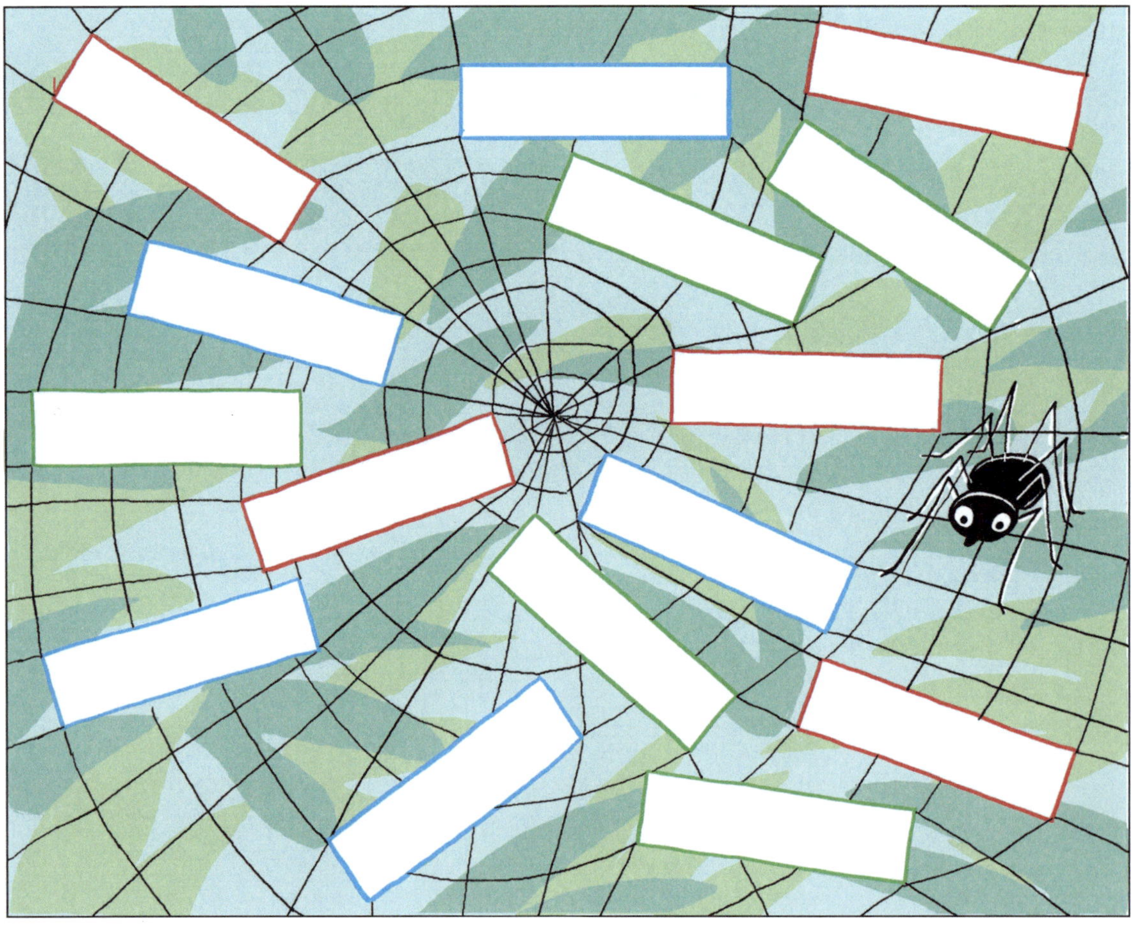

3 Sprich mit einem Partnerkind.
Warum sind die Wörter für dich schwierig?

____
Unterschrift Partnerkind

Wörter mit Karten üben

1 Wähle 5 Wörter aus dem Kasten. Kreise sie ein.
Markiere in jedem Wort die Stelle, die für dich schwierig ist.
Schreibe jedes Wort auf eine Karte.

leer	dann	ohne	hier
viele	alle	sehr	cool

2 Übe die Wörter, die du auf Karten geschrieben hast:

a) Lies ein Wort mehrmals. Merke dir die markierte Stelle.

b) Lege die Karte verdeckt hin.

c) Schreibe das Wort.

d) Nimm die nächsten Karten und arbeite genauso weiter.

e) Vergleiche deine geschriebenen Wörter mit den Wörtern auf den Karten. Stimmt etwas nicht? Verbessere.

3 Sprich mit einem Partnerkind.
Welche Wörter kannst du jetzt?
Welche Wörter musst du noch üben?

____
Unterschrift Partnerkind

1 Markiere in den Wörtern **Sp/sp** und **St/st**.
Ein Wort passt nicht. Streiche es durch.

Strand	sprechen	Strumpf
Spaß	Schal	Sport	strickt
springen	spielen	Steine

2 Lies die Wörter
von Aufgabe 1
einem Partnerkind
langsam und deutlich vor. ____________
Unterschrift Partnerkind

3 Schreibe die Wörter von Aufgabe 1 geordnet.

Sp/sp	
St/st	Strand

4 Setze die passenden Wörter von Aufgabe 1 in die Sätze ein.

Am  ____________ suche ich

Muscheln und  ____________.

Die Kinder  ____________ mit dem Seil

und 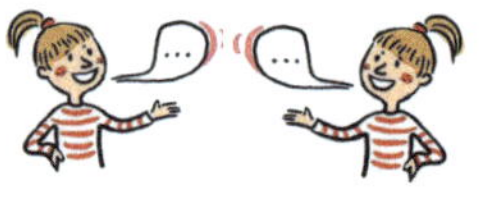 ____________ einen Reim.

Oma strickt einen  ____________.

Wörter mit Qu/qu, Sp und St üben

1 Welche 2 Wörter mit **Qu/qu** sind für dich schwierig?
Kreise sie ein.

Quark Quatsch Qualm quaken quer bequem Aquarium

a) Schreibe deine Wörter in die grünen Zeilen.

b) Markiere **Qu/qu** und kontrolliere.

c) Schreibe die Wörter mit verschiedenen Farben 3-mal untereinander.

Qu

qu

2 Schreibe die passenden Wörter mit **Qu**, **Sp** und **St** in das Kreuzworträtsel.

QUARK STUNDE SPATZ STRAUCH QUALM

a) Pflanze
b) Rauch
c) Vogel
d) 60 Minuten
e) Milchprodukt

S T R A U C H

Lösungswort: ____________

Nomen üben

Datum: ____________

1 Betrachte das Bild. Schreibe Nomen geordnet in die Tabelle. Mache die Nomenprobe. Die Wörterliste hilft dir.

Menschen	Tiere	Pflanzen	Dinge

2 In diesem Text sind die Nomen falsch geschrieben. Mache die Nomenprobe. Kreise die Nomen ein.

Auf dem spielplatz — 1 Nomen

Jan schaukelt auf dem spielplatz — 1 Nomen

Heute spiele ich mit opa. — 1 Nomen

Meine mama hat rosen gekauft. — 2 Nomen

Das kind liebt bananen und äpfel. — 3 Nomen

Abends liest oma im sessel ein buch. — 3 Nomen

Datum: ____________

Satzanfänge erkennen

1 Markiere die Satzanfänge und die Punkte am Satzende.

Das Gras ist grün.
Die Ampel leuchtet gelb.
Im Karton sind sechs Eier.
Meine Haare sind schwarz.
Ich mag bunte Bilder.

2 Setze die Punkte am Satzende.

Die Übernachtung

Heute will ein Freund bei Tobias schlafen. Amir kommt am Nachmittag zu ihm Sie bauen im Sandkasten eine Burg Nach dem Essen ziehen sie die Schlafanzüge an Dann dürfen sie einen Film sehen Mit dem Zähneputzen warten sie noch Tobias und Amir wollen Popcorn machen

3 Markiere die Satzanfänge und die Punkte in Aufgabe 2.

4 Schreibe passende Satzanfänge. Setze die Punkte am Satzende.

Auf dem Markt

in
heute
~~auf~~
aber
Lara

Auf dem Markt kauft Oma Gemüse.
________ sind Tomaten im Angebot
________ Omas Tasche klingelt das Handy
________ ruft an und wünscht sich Schokolade
________ Oma kauft lieber etwas Obst für sie

5 Markiere in Aufgabe 4 die Satzanfänge und die Punkte am Satzende.

Datum: ____________

1 Lies die Texte.
Verbessere die Satzanfänge.
Setze die Punkte am Satzende.

M ~~m~~ein kleiner Bruder wünscht sich eine Puppe. heute kocht Opa das Essen es klingelt an der Haustür am liebsten mag Lilo Hunde die Familie geht morgen ins Kino im Sommer fahren wir ans Meer

Jonas möchte so gern ein Haustier haben. H ~~h~~eute bekommt er einen Hamster er kann in der Schule nicht still sitzen endlich holen die Eltern ihn ab dann kaufen sie einen Hamster er soll Rübe heißen

A ~~a~~m Samstag schlafe ich bei Oma im Keller steht ein alter Schrank mit ihren Sachen verkleide ich mich gern im Wohnzimmer mache ich dann eine Modenschau am Sonntag holt Mama mich wieder ab

2 Markiere in den Texten alle Punkte.

Verlängern üben

1 Verlängere: Bilde die Mehrzahl der Nomen.
Schreibe sie dann mit **d** oder **t**, **g** oder **k**, **b** oder **p**.

		verlängern	darum schreibt man
d ? t	Wan?	viele Wände	Wand
	Bro?		
	Zel?		
	Kin?		
	Freun?		
g ? k	Ber?		
	Zwer?		
	Schran?		
	We?		
	Ban?		
b ? p	Die?		
	Kor?		
	Sie?		

2 Markiere in den Nomen von Aufgabe 1 **d** oder **t**, **g** oder **k**, **b** oder **p** am Ende.

3 Sprich mit einem Partnerkind.
Warum schreibt man die Wörter von Aufgabe 1 mit **d** oder **t**, **g** oder **k**, **b** oder **p**?
Wand schreibt man mit d, weil …

____
Unterschrift Partnerkind

Wörter in Sätzen und Texten verlängern

Datum: ____________

1 Verlängere die Nomen. Setze dann **d** oder **t**, **g** oder **k** ein.

Melissa fährt gern Zu g . → viele Züge

Luis malt ein Bil____. →

Pia macht das Lich____ aus. →

Bringst du mir ein Geschen____ mit? →

Ida sammelt Muscheln am Stran____. →

Der Win____ weht stark. →

2 Markiere in Aufgabe 1 **d** oder **t**, **g** oder **k**.

3 Verlängere die Nomen. Setze dann **d** oder **t**, **g** oder **k** ein.

viele

Am Sonnta____ will die Familie → Sonntage

einen Ausflu____ zum See machen.

Der Vater möchte gern

mit dem Ra____ um den See fahren.

Tilo will auf einem Pfer____ reiten.

Die Mutter wünscht sich eine Fahrt

mit dem Boo____. Am Ende

verbringen sie den Ta____ im Zoo.

Auf dem We____ liegen viele Steine.

Mensur baut das Zel____ im

Garten auf.

4 Markiere in Aufgabe 3 **d** oder **t**, **g** oder **k**.

S. 22

37-38

Rechtschreibstrategie *Verlängern* anwenden
Auslaute markieren

Datum: ____________

1 Bilde Wörter mit den Wortbausteinen **ver-** und **vor-**.
Schreibe die Wörter geordnet.

schreiben fahren tragen stellen lassen sprechen lesen

ver-	verschreiben,
vor-	vorschreiben,

2 Kreise die Wortbausteine **ver-** und **vor-** in Aufgabe 1 **blau** ein.

Die Wortbausteine **ver-** und **vor-** schreibst du immer mit **v**.

3 Finde Wörter mit den Wortbausteinen **ver-** und **vor-**.
Schreibe die Wörter geordnet in die Tabelle.

ver-	vor-
vergessen	

4 Kreise in Aufgabe 3 die Wortbausteine **ver-** und **vor-** **blau** ein.

Datum: ______________

1 Setze die Verben mit den passenden Wortbausteinen ein.

ab-	be-	ein-	mit-	über-	ver-

\+ nehmen

Ole will die Taucherbrille in den Urlaub ______________.

Oma muss am Abend ihre Medikamente ______________.

Papa hat im Urlaub zu viel genascht. Jetzt will er ______________.

Die Kinder der Klasse 2a müssen Dienste ______________.

Der Polizist muss den Einbrecher ______________.

Opa sagt manchmal: „Du sollst dich gut ______________."

2 Kreise in den Wörtern den Wortstamm **Fahr/fahr** rot und **Mut/mut** blau ein. Schreibe die Wörter geordnet in die Tabelle.

abfahren	vermuten	Gefahr	Fahrrad	mutlos
Fahrkarte	mutig	gefährlich	zumuten	Vermutung

Wortfamilie fahren	Wortfamilie Mut
abfahren	

S. 25

Verben mit semantisch passenden Wortbausteinen einsetzen
Wortstämme identifizieren

Fö 90
HR

Mit offenen und geschlossenen Silben arbeiten

Datum: ____________

1 Zeichne Silbenbögen. Markiere den Selbstlaut in der ersten Silbe.

 die Tüte	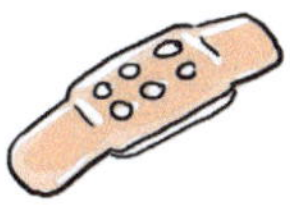 das Pflaster	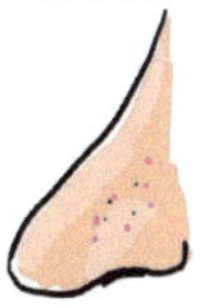 die Nase	 die Hose
 die Wolke	 die Ampel	 die Birne	 die Schere

2 Sprichst du den markierten Selbstlaut in Aufgabe 1 lang _ oder kurz . ?
Schreibe _ oder . unter den markierten Selbstlaut.

3 Zeichne Silbenbögen. Markiere den Selbstlaut in der ersten Silbe.
Schreibe _ oder . unter den markierten Selbstlaut.

leben	denken	Wiese	lernen
hören	sägen	Hilfe	Farbe

4 Schreibe die Wörter von Aufgabe 3 geordnet.

erste Silbe
endet mit Selbstlaut
→ offene Silbe
→ Selbstlaut klingt lang _

leben

erste Silbe
endet mit Mitlaut
→ geschlossene Silbe
→ Selbstlaut klingt kurz .

Zweisilbige Wörter in Silben gliedern und Selbstlaute in den ersten Silben markieren
Vokallängen und offene und geschlossene Silben unterscheiden

KV 69, 70
Fö 96

S. 30

Datum: ______________

5 Zeichne Silbenbögen.
Markiere den Selbstlaut in der ersten Silbe.
Schreibe _ oder . unter den markierten Selbstlaut.

Blüte	Krone	Käfer	Kugel
fragen	toben	bleiben	suchen

6 Zeichne Silbenbögen.
Markiere den Selbstlaut in der ersten Silbe.
Schreibe _ oder . unter den markierten Selbstlaut.

Lampe	Tante	helfen	Rinde
rutschen	Bürste	turnen	Morgen

7 Welches Wort passt? Kreuze an.

a) Die erste Silbe endet mit einem Selbstlaut. ☒ Krone ☐ Morgen
b) Der Selbstlaut in der ersten Silbe klingt kurz. ☐ Rinde ☐ Kugel
c) Die erste Silbe ist offen. ☐ Tante ☐ fragen
d) Die erste Silbe endet mit einem Mitlaut. ☐ helfen ☐ bleiben

8 Zeichne Silbenbögen. Markiere den Selbstlaut in der ersten Silbe.
Schreibe _ oder . unter den markierten Selbstlaut.

Monat	Farbe	Boden	Wurzel	Schule
Hose	Winter	Onkel	Regen	Tochter

9 Wähle für jeden Satz ein passendes Wort von Aufgabe 8. Schreibe.

a) Die erste Silbe ist offen. ______________

b) Der Selbstlaut in der ersten Silbe klingt kurz. ______________

S. 30
44

Zweisilbige Wörter in Silben gliedern und Selbstlaute in den ersten Silben markieren
Vokallängen und offene und geschlossene Silben unterscheiden

Fö 94, 95 / Fo 43

1 Setze die Wörter zusammen und bilde Nomen mit **Spiegel-**. Schreibe sie. Markiere **ie**.

Spiegel-
- -bild
- -schrift
- -ei
- -schrank
- - tür

das Spiegelbild,

2 Sprich die Wörter halblaut. Verbinde die Reimwörter und schreibe sie. Zeichne Silbenbögen und markiere **ie**.

fliegen	spielen
siegen	gießen
zielen	liegen
schießen	wiegen

fliegen –

3 Zeichne Silbenbögen und markiere **ie**. Schreibe die Einzahl der Nomen.

viele Briefe	ein Brief	viele Siebe	
viele Diebe		viele Tiere	
viele Spiele		viele Lieder	

Datum: ____________

Verben mit ie üben

1 Welche Wörter passen zusammen? Verbinde.

sie gießt	wiegen
es wiegt	spielen
du liebst	gießen
ihr spielt	lieben
er fliegt	biegen
du biegst	fliegen

2 Zeichne Silbenbögen und markiere **ie**.
Bilde jeweils eine Form mit **er** oder **es**. Markiere **ie**.

spielen	er spielt	liegen	es
siegen	er	zielen	er
fliegen	es	wiegen	es

3 Verändere die Verben so, dass sie in die Sätze passen.
Setze in die Sätze ein.

fliegen   wiegen   gießen   ~~schießen~~

Tom schießt ein Tor.

Leonie ____________ die Blumen.

Sascha ____________ das Mehl für den Kuchen.

Das Flugzeug ____________ durch die Wolken.

4 Markiere **ie** in den Wörtern von Aufgabe 3.

S. 32
45

Verben in Personalform und Grundform verbinden
Die Konstanz von *ie* in Personalform und Grundform erkennen

Wörter mit doppelten Mitlauten üben

1 Bilde Wörter mit doppelten Mitlauten. Schreibe sie.

Tan- Son- Ton-	-ne

Tanne,

Sup- Wip- Pup-	-pe

2 Markiere in Aufgabe 1 die doppelten Mitlaute. Zeichne Silbenbögen.
Schreibe . unter den kurzen Selbstlaut in der ersten Silbe.

3 Bilde Wörter mit doppelten Mitlauten. Schreibe sie.

kom- sum- schwim- brum-	-men

kommen,

rol- brül- bel- stel-	-len

4 Markiere in Aufgabe 1 die doppelten Mitlaute. Zeichne Silbenbögen.
Schreibe . unter den kurzen Selbstlaut in der ersten Silbe.

5 Schreibe zusammengesetzte Wörter mit **Wasser-**.

Wasser-
- -ball
- -rutsche
- -flasche

1 Schreibe die Reimwörter.

die Socke	picken	sitzen
die Gl	zw	schw
die Witze	zucken	nützen
die Spr	sp	sch

2 Markiere **tz** in den Wörtern. Kreise **ck** in den Wörtern ein.

drücken Tatze Locke putzen Satz
Netz Stock Zucker schmatzen schlecken

3 Schreibe die Wörter von Aufgabe 2 geordnet in die Tabelle.

Wörter mit **tz**	Wörter mit **ck**

4 Setze **tz** oder **ck** ein.
Bei einem Wort passen **tz** und **ck**. Markiere es.

plö___lich ju___en pla___en bli___en

Merkwörter mit C/c, x und y üben

Datum: ____________

1 Kreise ein:

a) Merkwörter mit **C/c** gelb.

b) Merkwörter mit **x** rot.

c) Merkwörter mit **y** blau.

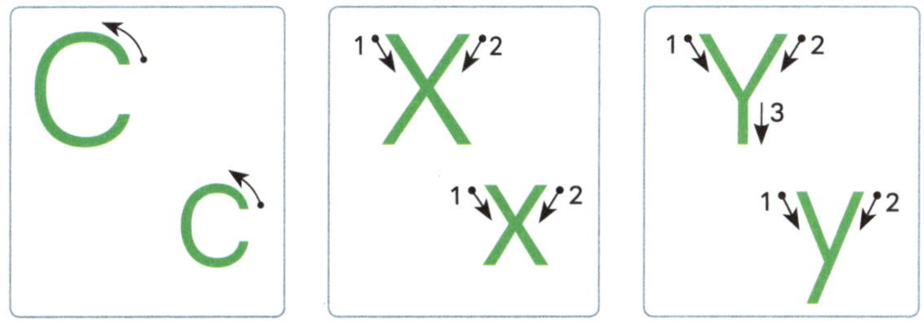

Axt	Clown	Baby	Computer
Hexe	Teddy	Pony	Comic	Taxi

2 Markiere in jedem Wort von Aufgabe 1 die schwierige Stelle.

3 Wähle je ein Wort mit **C/c**, **x** und **y** aus.
Schreibe sie in die grünen Zeilen.
Vergleiche deine Wörter mit den Wörtern von Aufgabe 1.
Schreibe die Wörter 3-mal untereinander.

4 Markiere in jedem Wort die schwierige Stelle.

Lexikon Hobby Creme boxen clever Handy Mixer

5 Schreibe mit 3 Merkwörtern von Aufgabe 1 einen Satz.

Merkwörter üben

1 Markiere in den Wörtern **aa**, **ee** und **oo**.

Haar	Fee	Zoo	Tee	Boot	See	Saal
Moos	Schnee	Moor	Meer	Waage		

2 Schreibe die Merkwörter geordnet.

aa ____________________

ee ____________________

oo ____________________

3 Setze die Merkwörter in den Text ein.

Taxi	Teddy	Comics	Vögel	~~Haare~~

Paula hat kurze, lockige Haare.

Sie liest gern ____________.

Ihre Lieblingstiere sind ____________.

Heute fährt Paula mit dem ____________.

Ihren braunen ____________ hält Paula fest im Arm.

4 Schreibe die passenden Merkwörter von dieser Seite zu den Bildern. Kontrolliere mit der Wörterliste.

____________ ____________ ____________ ____________

Datum: ____________

1 Welches Wort ist richtig? Kreuze an, welche Strategie dir hilft. Nutze die Strategie und schreibe das Wort richtig auf.

Hunt Hund	☒ Verlängern	☐ Ableiten	Hund
Welder Wälder	☐ Verlängern	☐ Ableiten	
Tag Tak	☐ Verlängern	☐ Ableiten	
Beuerin Bäuerin	☐ Verlängern	☐ Ableiten	
Band Bant	☐ Verlängern	☐ Ableiten	
Benke Bänke	☐ Verlängern	☐ Ableiten	
Reuber Räuber	☐ Verlängern	☐ Ableiten	

2 Markiere schwierige Stellen. Kreuze die Strategien an, die dir helfen.

die Erdbeere

die Nägel

vorrechnen

quieken

3 Führe mit einem Partnerkind ein Rechtschreibgespräch zu den Wörtern von Aufgabe 2.
Was hast du markiert?
Warum hast du es markiert?

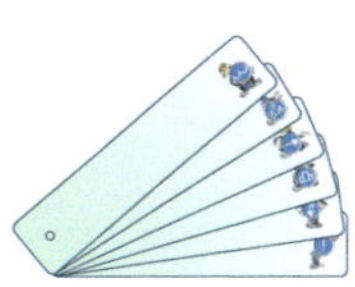

Unterschrift Partnerkind

Über die richtige Schreibweise nachdenken

Datum: ____________

1 Verbinde jede markierte Stelle mit der passenden Sprechblase.

Ich schreibe **viele** mit **v**, weil **viele** ein Merkwort ist.

Ich kann verlängern: **ein Kind – viele Kinder.**

Wenn ich aus **Spiel** eine Form mit 2 Silben bilde, ist die erste Silbe offen: **spie len.** Ein langes (i) schreibe ich meistens als **ie.**

Das Kind läuft zur Oma, weil viele Hummeln auf dem Spielplatz sind.

Ich kann ableiten: **wir laufen – es läuft.**

Das **u** ist kurz und die erste Silbe ist geschlossen. Ich schreibe **mm.**

Ich mache die Nomenprobe: **eine Oma – viele Omas.**

2 Markiere schwierige Stellen. Welche Strategien helfen dir? Kreuze an.

die Wäsche

der Strand

versuchen

kommen

3 Führe mit einem Partnerkind ein Rechtschreibgespräch zu den Wörtern von Aufgabe 2.
Was hast du markiert?
Warum hast du es markiert?

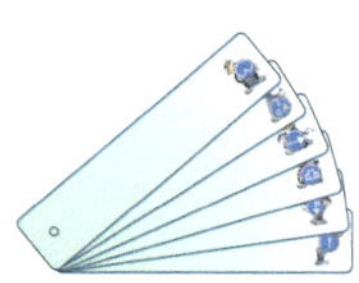

____
Unterschrift Partnerkind

S. 39

53

Rechtschreibphänomene den passenden Strategien zuordnen
Strategien zur Richtigschreibung anwenden
Ein Rechtschreibgespräch führen

KV 81
Fö 111, 112

Datum: ____________

1

Schreibe die Wörter richtig.

Emil schreibt in sein ~~heft~~. — Heft

Tim bringt Brife zur Post.

Finn geht gern in den Zo.

Dana spielt mit ihrem Hunt.

Tilo kemmt sich die Haare.

Manchmal bin ich traurich.

2

Suche die 5 Fehler im Text.
Streiche die falschen Wörter durch.
Schreibe die Wörter richtig.

Meine Schwester

Ich habe eine kleine schwester.
Sie hat blaue Augen und zwei kleine ohren.
Mit den Händen kommt sie an ihre nase.
Ihre beine kann sie wild bewegen.
Mit ihrem kleinen mund kann sie laut brüllen.
Meine Schwester ist sechs Monate alt.

3

Warum sind die 5 Wörter in Aufgabe 2 falsch?
Welche Strategie wurde nicht beachtet?

Datum: ____________

1 Schreibe deinen Namen bunt, klein, groß, …

2 Schreibe.

So heißt meine Schule:

Das mache ich gern in der Schule:

So heißt meine Klasse:

So heißen Kinder in meiner Klasse:

Die Kinder in meiner Klasse sprechen diese Sprachen:

So sind die Kinder in meiner Klasse:

nett,

Fragen zum eigenen Umfeld beantworten

KV 84
Fö 115

Datum: ______________

3 Sprich mit einem Partnerkind.
Was passiert auf dem Bild?

____
Unterschrift Partnerkind

4 Schreibe Wörter oder Sätze zum Bild.

Datum: ____________

1 Gestalte ein Bildgedicht mit dem Wort **Sack** oder dem Wort **Burg**.
Verstecke darin ein Wort.

2 Suche dir ein Partnerkind.
Lass es dein verstecktes Wort finden.

____
Unterschrift Partnerkind

S. 7

Eine Packliste schreiben

1 Mateo fährt in den Ferien ans Meer, Anne will in den Bergen wandern. Welche Dinge muss Mateo einpacken? Markiere.

Strandtuch	Fernglas	Wanderstock
Wanderstiefel	Badehose	Schwimmreifen
Luftmatratze	Rucksack	Kompass
Wanderkarte	Eimer	Taucherbrille	Besen
Sportsocken	Schaufel	Leiter	Rasenmäher

2 Welche Dinge nehmen Mateo und Anne nicht mit? Streiche sie durch.

Schreibe die Stichwörter einzeln untereinander.

3 Schreibe für jedes Kind eine Packliste.

Mateos Packliste:

- Strandtuch
-
-
-
-
-
-

Annes Packliste:

- Rucksack
-
-
-
-
-
-

4 Wohin möchtest du verreisen? Sage einem Partner 5 Dinge, die du in deinen Urlaub mitnehmen würdest.

Eine Bastelanleitung ordnen und schreiben

Datum: ____________

1 Schau dir die Bilder an und lies die Sätze.

2 Verbinde die Bilder mit den passenden Arbeitsschritten.

Taschentuch-Gespenst

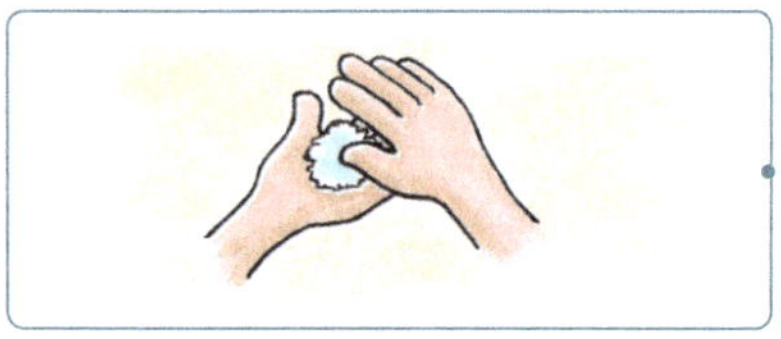

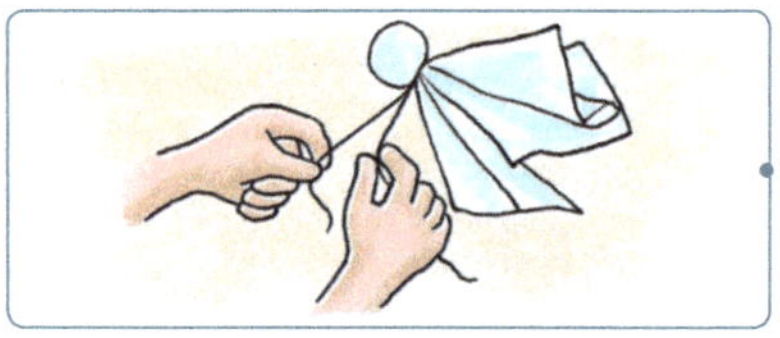

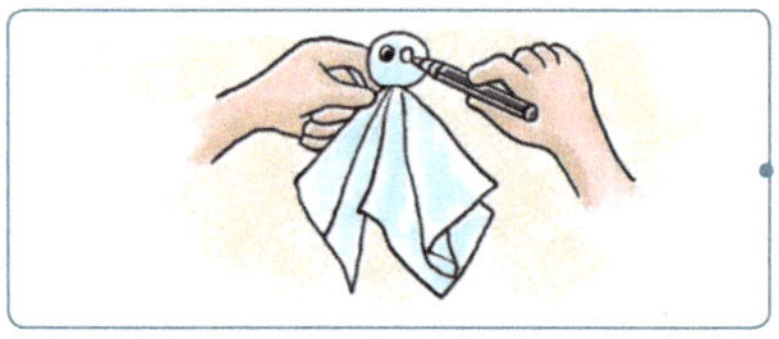

Dann forme ich eine Kugel aus Watte.

Zum Schluss male ich mit einem Stift dem Gespenst Augen.

Zuerst falte ich ein Taschentuch auseinander.

Danach umhülle ich die Wattekugel mit dem Taschentuch.

Nun lege ich den Faden um den Kopf und mache einen Knoten.

3 Markiere die Materialien in Aufgabe 2.

4 Schreibe die Materialliste.

Materialliste:

- Watte
-
-
-

5 Kreise die Satzanfänge
für den Anfang einer Anleitung **rot**,
für die Mitte einer Anleitung **blau**,
für den letzten Satz einer Anleitung **gelb** ein.

Dann …	Zuletzt …	Zum Schluss …
Am Anfang …	Danach …	Zuerst …
Jetzt …	Am Ende …	Anschließend …

6 Schreibe die Bastelanleitung.

Arbeitsschritte:

7 Markiere die Satzanfänge in der Bastelanleitung.

8 Du kannst für diese Bastelanleitung einen Erklärfilm erstellen.
Wie bastelt man das Gespenst? Zeige und erkläre es Schritt für Schritt.

Datum: ____________

1 Lies den Text über Emre.

Emre

Ich heiße Emre.
Meine Augen sind braun
und meine Haare
sind kurz und schwarz.
Ich habe eine Narbe an der Stirn.
Am liebsten esse ich Pizza mit viel Käse.
Meine Lieblingskleidung sind Jeans
und Turnschuhe.
Ich spreche Deutsch und Türkisch.

2 Fülle den Steckbrief für Emre aus.
Verwende die Informationen aus dem Text von Aufgabe 1.

Name: Emre

Augenfarbe: ____________

Haarfarbe: ____________

Besondere Merkmale: ____________

____

Lieblingsessen: ____________

Lieblingskleidung: ____________

____

Sprachen: ____________

3 Sprich mit einem Partnerkind.
Wo findest du Steckbriefe?

____
Unterschrift Partnerkind

Datum: ____________

1 Schreibe eine Postkarte von Peer an Dana.
Denke an die Anrede und die Grüße.
Die Adresse findest du im Heft Texte schreiben.

____

____

____

____

2 Lies die Postkarte von Anisa.
Was hat sie richtig gemacht? Kreuze an.

Anrede ☐
mit Komma ☐

Liebe Pia
ich wünsche dir
gute Besserung.
In der Pause ist es
nicht so schön
ohne dich.

Grüße ☐

Unterschrift ☐

Anisa

Briefmarke ☐

Pia Engbrecht — Vorname ☐ Name ☐
Katzengasse — Straße ☐ Hausnummer ☐
Talstadt — Postleitzahl ☐ Ort ☐

3 Was hat Anisa auf der Postkarte vergessen? Ergänze.
Pias Adresse findest du in der Klassenliste im Heft Texte schreiben.

S. 17

Erlebnisgeschichten überarbeiten

Datum: ______________

1 Lies die Sätze.

2 Welche Sätze passen zur Erlebnisgeschichte?
Kreuze an.

Passen alle Sätze zum Thema?

- [x] In den Ferien war ich mit meinen Eltern am Meer.
- [ ] Onkel Toni fuhr immer mit dem Rad zur Arbeit.
- [ ] Jeden Tag gingen wir am Strand spazieren.
- [ ] Wir sammelten Muscheln und schöne Steine.
- [ ] Die Blumen vor dem Hotel durfte man nicht pflücken.
- [ ] Plötzlich spürte ich einen Schmerz im rechten Fuß.
- [ ] Ich war auf eine Muschel getreten.
- [ ] Zum Glück war der Schnitt nicht tief.
- [ ] Mama hatte oft ein blaues T-Shirt an.

3 Wähle eine Überschrift für die Geschichte aus.
Du kannst dir auch eine eigene Überschrift überlegen.

Passt die Überschrift?

- [ ] Der Strandspaziergang
- [ ] Die scharfe Muschel
- [ ] Ein spannender Abend
- [ ] Die Überraschung
- [ ] ______________________________

4 Warum hast du die Überschrift ausgewählt?
Erkläre es einem Partnerkind.

____
Unterschrift Partnerkind

5 Schreibe einen weiteren Satz für die Geschichte von Aufgabe 2.

____

____

S. 27

Eine Erlebnisgeschichte auf inhaltliche Stimmigkeit überprüfen
Eine Überschrift auswählen und die Auswahl begründen
Einen passenden Satz zu einer Geschichte schreiben

6 Lies den Text.

Unheimlich

Gestern sollte ich Saft aus dem Keller holen.

Da machte ich Licht an und ging die Treppe hinunter.

Da hörte ich ein komisches Geräusch.

Da bekam ich große Angst.

Da lief ich schnell zurück in die Küche.

Sind die Satzanfänge unterschiedlich?

7 Welche Satzanfänge möchtest du verändern?
Markiere sie.

8 Schreibe andere Satzanfänge vor die markierten Wörter.

9 Schreibe den Text mit deinen Veränderungen.

10 Lies deinen Text einem Partnerkind vor.
Welcher Satzanfang gefällt ihm gut?
Kennzeichne ihn mit einem Smiley ☺.

____
Unterschrift Partnerkind

Eine Erlebnisgeschichte schreiben

Datum: ____________

1 Markiere die Ideen im Gedankenschwarm, die in deiner Geschichte vorkommen sollen.

Ausflug

Schreck – telefonieren – Panne – Picknick – erleichtert – Aufregung – lachen – Landkarte – Busfahrer

2 Schreibe mit deinen Ideen von Aufgabe 1 eine Erlebnisgeschichte. Die Satzanfänge können dir helfen.

Letzte Woche …

Gestern …

Dort …

Dann …

Auf einmal …

Zum Schluss …

Endlich …

3 Lies deine Geschichte mehrmals. Schreibe eine Überschrift.

S. 27

67

Eine E-Mail schreiben

Datum: ______________

1 Was sagen die Kinder? Lies.

2 Wähle eine Idee von Aufgabe 1 für eine E-Mail aus.
Welches Thema passt dazu? Kreuze an.

☐ Bitte um Information ☐ Herzlichen Glückwunsch ☐ Dankeschön

3 Schreibe eine E-Mail zu deinem Thema von Aufgabe 2.
Erfinde eine E-Mail-Adresse für den Empfänger.

An: ______________________________

Betreff: ______________________________

____

____

____

____

____

4 Sprich mit einem Partnerkind.
Wann schreibst du eine E-Mail und wann eine Postkarte oder einen Brief?

____
Unterschrift Partnerkind

Eine Einladung planen und schreiben

Datum: ____________

1 Wozu möchtest du jemanden einladen? Kreuze an.
Du kannst auch eine eigene Idee aufschreiben.

☐ Kostümfest ☐ Grillparty ☐ Geburtstag

☐ ____________________

2 Plane deine Einladung.

Anrede ____________________

Datum ____________________

Uhrzeit von ________ Uhr bis ________ Uhr

Ort ____________________

Was ist noch wichtig? ____________________

3 Schreibe deine Einladung.

Denke an die Grüße
und die Unterschrift.

____

____

____

____

____

____

____

____

Datum: ____________

1 Lies die Einladung.

Liebe Familie Marx,

wir laden euch herzlich zu unserer Party ein.
Am 25. August feiern wir von 17.00 Uhr bis 23.00 Uhr.
Bitte bringt eine Schüssel Nudelsalat mit.

Herzliche Grüße
Familie Becker

2 Überprüfe die Einladung von Aufgabe 1 mit dieser Liste. Kreuze an.
Unterstreiche die Teile der Einladung in den passenden Farben.

	ja	nein
Anrede mit Komma Ich erfahre, wer eingeladen ist.		
Anlass (**Wozu**?) Ich erfahre, wozu eingeladen wird.		
Datum und **Uhrzeit** (**Wann**?) Ich erfahre, wann die Feier stattfindet.		
Ort (**Wo?** / **Wohin?**) Ich erfahre, wo die Feier stattfindet.		
Was ist noch wichtig? Ich erfahre, was für die Feier noch wichtig ist.		
Grüße und **Unterschrift** Ich erfahre, von wem die Einladung kommt.		

3 Eine Information fehlt in der Einladung.
Ergänze den Satz, der fehlt.

____

____

Datum: ____________

1 Suche dir für die Aufgabe 2 ein Partnerkind.

Unterschrift Partnerkind

2 Spielt das Spiel.

oder	auch	viel	zum	da	der
das	du	ein	er	es	haben
ich	in	ist	ja	man	mir
nein	nur	als	und	sie	sind
auf	von	wir	zu	ab	am
bis	bist	im	ins	ob	aus
uns	vor	war	um	zur	bin
die	hat	mit	so	an	aber

3 Kreuze an.

☐ fragen
☒ fegen

☐ Löwe
☐ Löffel

☐ lügen
☐ liegen

☐ Bruder
☐ Brot

☐ reiten
☐ reiben

☐ Spiegel
☐ Spritze

☐ sitzen
☐ singen

☐ Mütze
☐ Münze

4 Verbinde Satz und Bild.

Tom malt eine Katze.

Lena wirft den Ball in die Luft.

Erik schreibt einen Brief.

Marie liest ein Buch.

Ali hat Blumen in der Hand.

Wörter genau lesen

Datum: ____________

1 Welches Wort passt zum Bild?
Kreuze an.

☐ boxen
☐ bauen
☐ brüllen
☐ braten

☐ Hammel
☐ Hammer
☐ Himmel
☐ Hummel

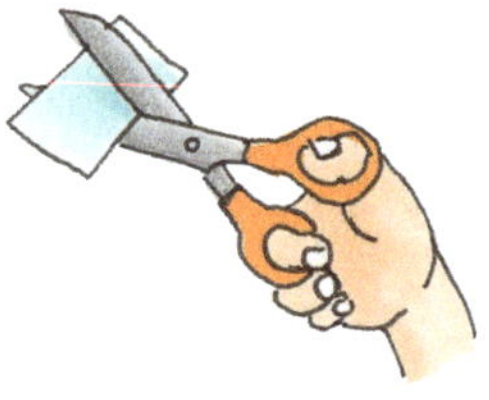

☐ schreiben
☐ schwitzen
☐ schneiden
☐ schmecken

☐ Luftballon
☐ Luftpumpe
☐ Luftblase
☐ Luftmatratze

2 Welches Wort ist richtig?
Kreuze an.

☐ Blome
☐ Blame
☐ Blume

☐ Krokokil
☐ Krokodil
☐ Krokopil

☐ Löwemzahn
☐ Löwenrahn
☐ Löwenzahn

☐ Lokomotibe
☐ Lokomotöve
☐ Lokomotive

☐ Schikolade
☐ Schokolade
☐ Schäkolade

☐ Meerschreinchen
☐ Meerschweinchen
☐ Moorschweinchen

3 Finde das passende Bild zum Text. Kreuze es an.

a) 2 Würfel
und 2 Bälle

☐ 
☐ 
☐ 

b) 1 kleine Schere
und 1 großer Ball

☐ 
☐ 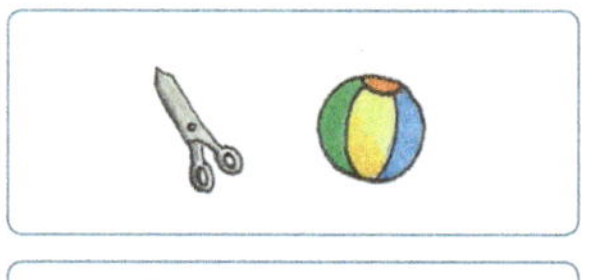
☐ 

c) 2 große Würfel
und 1 kleiner Ball

☐ 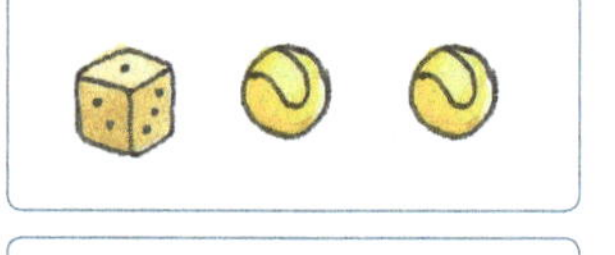
☐ 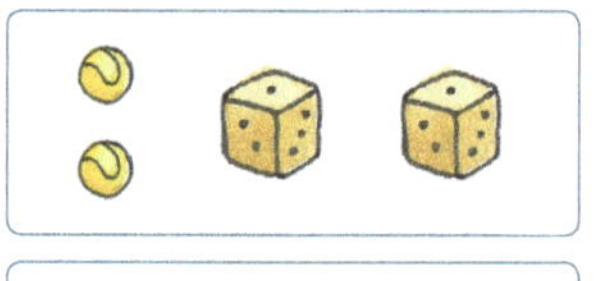
☐ 

Zu einem Bild das passende Wort finden
Wörter genau lesen und richtige Wörter erkennen
Zu einem Text das passende Bild finden

Datum: ______________

1 Lies und markiere die Farben.
Male so, wie es in den Sätzen steht.

Der Zauberer hat einen blauen Hut.
Sein Umhang ist rot.
Der Zauberer hat einen grünen
und einen blauen Schuh an.

2 Lies und markiere die Farben.
Male so, wie es in den Sätzen steht.

Auf dem Zirkuszelt weht eine grüne Fahne.
Das Zeltdach ist rot und gelb gestreift.
Die Seitenwände sind blau.
Das Zelt befindet sich
auf einer grünen Wiese.
Vor dem Zelt steht
ein grauer Elefant.

3 Lies und male so, wie es in den Sätzen steht.

Auf dem gelben Tisch liegen der Zauberstab und das Zauberbuch.
Neben dem Tisch steht eine braune Kiste.
Unter dem Tisch liegen drei blaue und vier rote Bälle.
Aus dem schwarzen Hut gucken zwei gelbe Blumen heraus.
Der Zauberer Zumbo steht neben dem Tisch.

Datum: ____________

1 Welches Bild passt zum Text?
Kreuze an.

Du kannst mich anziehen.
Du findest mich unten am Körper.
Ich stecke häufig in den Schuhen.
Dort wärme ich deine Füße.

 ☐  ☐  ☐

2 Was wird hier gesucht? Male.

Ich bin ein Kleidungsstück.
Wenn es kalt ist, tragen mich viele Kinder.
Oft bin ich aus Wolle.
Meistens bin ich sehr lang.
Du kannst mich um den Hals wickeln.

3 Wer ist wer? Schreibe die Namen der Kinder unter die Bilder.
Male sie an.

Lorenz hat einen roten Pullover an.
Der Junge neben Lorenz heißt Juri.
Der Junge in der Mitte hat schwarze Haare.
Juri steht neben Hannes.
Der Junge im grünen Pullover steht neben Juri.
Die Haare von den beiden anderen Jungen sind braun.
Der Pullover von Juri ist blau.

Ein Rätsel durch Ausschlussverfahren lösen
Ein Lösungswort malen
Ein Logical lösen

1 Lies die Sätze und Wörter.
Setze die Wörter in den Text ein.

Zoo
Elefanten
~~Ausflug~~
Kamel

Suse macht mit Opa einen Ausflug.

Sie gehen in den ____________.

Opa gefällt das ____________.

Suse mag am liebsten ____________.

2 Lies die Wörter und den Text.
Setze die Wörter in den Text ein.

Rüssel	Kinder	~~Afrika~~	Tag	wedeln	Blätter

Elefanten im Zoo

Elefanten aus Asien haben kleinere Ohren

als Elefanten aus Afrika.

Mit den Ohren ____________

die Elefanten sich Luft zu und kühlen sich so ab.

Mit dem langen ____________ können

Elefanten atmen und riechen.

Elefanten fressen Gras, Wurzeln und ____________.

Sie brauchen am ____________

etwa 200 Kilogramm Futter.

Das ist ungefähr so viel, wie 12 ____________

aus der 2. Klasse wiegen.

Datum: ______________

1 Lies das Plakat für das Schulfest.

2 Lies die Fragen. Kreuze an.

a) Was wird auf dem Schulhof angeboten?

☐ Stelzenlauf ☐ Streichelzoo ☐ Dosenwerfen

b) Wofür muss man Eintritt bezahlen?

☐ Grillstand ☐ Fußballspiel ☐ Theaterstück

c) Wie lange dauert das Schulfest?

☐ von 14.00 Uhr bis 14.30 Uhr ☐ von 14.00 Uhr bis 18.00 Uhr

3 Lies die Fragen. Schreibe.

a) Wo kann man Getränke kaufen? ______________

b) Wann beginnt das Fußballspiel? ______________

c) Wo findet das Theaterstück statt? ______________

S. 19

Ein Plakat lesen
Angaben mithilfe eines Plakats überprüfen
Einem Plakat gezielt Informationen entnehmen

KV 128
Fö 161
HR

Eine digitale Aufgabe lesen

Datum: ____________

1 Markiere den Arbeitsauftrag auf der Seite der App.

2 Wie viele Sätze gibt es zur Auswahl? Kreuze an.

☐ 2 ☐ 3 ☐ 4 ☐ 5

3 Schreibe den richtigen Satz zum Bild auf.

____

4 Verbinde die Zeichen mit den richtigen Sätzen.

- Hier komme ich zum Anfang zurück.
- Hier sehe ich meine Punktzahl.
- Hier bekomme ich Hilfe.
- Hier kann ich mir die Sätze anhören.
- Hier kann ich meine Übungszeit sehen.

☆ 1

Fachbegriffe für Gedichte kennenlernen

1 Lies das Gedicht und die Fachbegriffe.

Mein Hund ist weg ____________

von Georg Bydlinski ____________

Strophe

Ich habe meinen Hund verloren. — Vers
Er war sehr klein, mit großen Ohren,
ein Spielzeughund mit Wuschelfell,
dunkel hinten und vorn hell. — Reim

____

Ich hab ihn zum Spielplatz mitgenommen,
dort ist er mir abhanden gekommen –
glaub ich zumindest.
Ob du ihn findest? — ____________

2 Unterstreiche alle Reimwörter im Gedicht **lila**.

3 Schreibe diese Fachbegriffe neben das Gedicht von Aufgabe 1.

Reim	Überschrift	Strophe	Autor

4 Lies und kreuze an.

a) Ein Text, der sich reimt, ist oft ein … ☐ Märchen. ☐ Gedicht.
b) Ein Absatz in einem Gedicht heißt … ☐ Autor. ☐ Strophe.
c) Eine Zeile in einem Gedicht heißt … ☐ Vers. ☐ Reim.
d) Wuschelfell - hell ist ein … ☐ Reim. ☐ Autor.

5 Wie wird der Hund im Gedicht beschrieben?
Male weiter.

S. 20

Fachbegriffe für Gedichte üben

Datum: ____________

1 Lies das Gedicht.
Unterstreiche die Überschrift rot und den Namen des Autors gelb.

Warum, Warum, Warum
von Gerald Jatzek

Warum die Blume blüht?
Warum der Glühwurm glüht?
Warum das Wasser fließt
und sich ins Tal ergießt?
Warum die Feder schwebt?
Warum die Erde bebt?

Warum die Lampe brennt?
Warum der Motor rennt?
Warum die Eisenbahn
nicht aus den Gleisen kann?
Warum das Flugzeug fliegt?
Warum die Waage wiegt?

Eine, zweie, drei,
keine Hexerei.
Warum? Warum? Warum?
Wer nicht fragt, bleibt dumm.

(gekürzt)

2 Schreibe die Fachbegriffe neben das Gedicht.

Strophe	Vers	Strophe	Reim	Strophe

3 Unterstreiche in der letzten Strophe einen Reim lila.

4 Lies das Gedicht mehrmals.
Lies es einem Partnerkind vor.

Mit Betonung lesen

1 Lies die Fragen und Antworten.
Sprich die markierten Wörter lauter und besonders deutlich.

Magst du **Löwen**?	Nein, ich mag **Affen**.
Mag **Oma** Affen?	Nein, **ich** mag Affen.
Findest du Affen **blöd**?	Nein, ich **mag** Affen.

2 Lies die Fragen und Antworten.
Welche Wörter musst du betonen? Markiere sie.

Fressen Affen **Nudeln**?	Nein, Affen fressen **Bananen**.
Fressen **Löwen** Bananen?	Nein, Affen fressen Bananen.
Malen Affen Bananen?	Nein, Affen fressen Bananen.

Trinkt Bruno Wasser?	Nein, Bruno trinkt Früchtetee.
Kocht Bruno Früchtetee?	Nein, Bruno trinkt Früchtetee.
Trinkt Lisa Früchtetee?	Nein, Bruno trinkt Früchtetee.

Liest Nele einen Comic?	Nein, Nele liest ein Buch.
Liest Ali ein Buch?	Nein, Nele liest ein Buch.
Kauft Nele ein Buch?	Nein, Nele liest ein Buch.

Kauft Oma Apfelkuchen?	Nein, Oma backt Apfelkuchen.
Backt Oma Zitronenkuchen?	Nein, Oma backt Apfelkuchen.
Backt Opa Apfelkuchen?	Nein, Oma backt Apfelkuchen.

3 Lies die Fragen und Antworten von Aufgabe 2
mit einem Partnerkind.
Betont die markierten Wörter.

____
Unterschrift Partnerkind

Ein Gedicht zu zweit vortragen

Datum: ______________

1 Suche dir für die Aufgaben 2 – 5 ein Partnerkind.

____
Unterschrift Partnerkind

2 Lest das Gedicht.

Wir

von Irmela Brender

Ich bin ich und du bist du.
Wenn ich rede, hörst du zu.
Wenn du sprichst, dann bin ich still,
weil ich dich verstehen will.

Wenn du fällst, helf ich dir auf,
und du fängst mich, wenn ich lauf.
Wenn du kickst, steh ich im Tor,
pfeif ich Angriff, schießt du vor.
Spielst du pong, dann spiel ich ping,
und du trommelst, wenn ich sing.

Allein kann keiner diese Sachen,
zusammen können wir viel machen.
Ich mit dir und du mit mir –
das sind wir.

3 Überlegt euch Bewegungen zu jedem Vers.

4 Übt das Gedicht für einen Vortrag.

5 Tragt das Gedicht vor.
Denkt an Bewegung und Betonung.

6 Fragt 2 Kinder, was ihnen besonders gut an eurem Vortrag gefallen hat.

Datum: ______________

1 Lies die Überschrift und schau dir das Bild an.
Worum könnte es in dieser Geschichte gehen? Schreibe.

____

2 Lies die Geschichte Absatz für Absatz.

Futbol! Futbol!
von THiLO

Max macht mit seinen Eltern Urlaub in Spanien. Mama und Papa wollen den ganzen Tag nur am Strand liegen und sich sonnen. Max schnappt sich lieber seinen neuen Fußball und schaut den spanischen Kindern zu. Sie machen Quatsch und lachen viel. Leider versteht Max kein Wort.

Plötzlich stürmen alle auf ihn zu und rufen: „Futbol! Futbol!“ Die beiden Größten nehmen sich seinen Ball und kicken ihn hin und her. Schnell laufen sie damit die Straße hinunter. Das war’s dann wohl! Sein Ball ist weg.

Da nimmt ihn ein Mädchen an die Hand und zieht ihn mit. Alle zusammen rennen sie zum Dorfplatz. Der Große mit dem Ball zeigt auf Max, dann auf sich. Max begreift: Sie sind in einer Mannschaft. Dann spielen sie Fußball.

Und alle lachen sich halb krank, wenn Max mal wieder nur Bahnhof versteht. Natürlich lacht Max auch. Und am Abend kann Max schon ein Wort Spanisch: „Amigo“ – das heißt Freund. *(gekürzt)*

S. 33

Die Lesestrategie *Vorerwartungen zu einer Geschichte formulieren* anwenden
Eine Geschichte lesen

3 Markiere die spanischen Wörter im Text.
Schreibe die Zeilenangaben.

Amigo Zeile: ______ **Futbol! Futbol!** Zeile: ______

4 Was steht in der Geschichte von Aufgabe 2?
Kreuze an.

	stimmt	stimmt nicht
a) Max und seine Eltern machen Urlaub in Italien.	☐	☐
b) Max will nicht nur am Strand liegen.	☐	☐
c) Max versteht am Anfang kein Wort Spanisch.	☐	☐
d) Max spielt in einer Mannschaft.	☐	☐
e) **Amigo** heißt **Gute Nacht!**	☐	☐

5 Was steht in der Geschichte?
Kreuze an.

a) Max macht Urlaub ...
- ☐ in den Bergen.
- ☐ am Strand.
- ☐ bei Oma und Opa.

b) Die Kinder spielen ...
- ☐ Fußball am Strand.
- ☐ Fußball auf dem Dorfplatz.
- ☐ zusammen Karten.

6 Was bedeutet es, **wenn Max mal wieder nur Bahnhof versteht**?
Kreuze an.

- ☐ Max denkt, die Kinder wollen zum Bahnhof.
- ☐ Max versteht die Kinder nicht, weil sie Spanisch sprechen.
- ☐ Max denkt, die Kinder können nur das Wort Bahnhof sagen.

7 Denke über den Text nach.
Wie fühlt sich Max am Anfang der Geschichte?
Wie fühlt er sich am Ende? Schreibe.

Medien interessenbezogen auswählen

Datum: ____________

1 Lies den Text.

Eine Medienkiste für die 2b

In der Klasse 2b herrscht großes Gedränge. Jeder will zuerst in die Medienkiste gucken. Die Lehrerin hat nämlich in der Bücherei verschiedene Medien zum Thema **Hunde** bestellt. Jetzt wollen die Kinder nachsehen, was in der Medienkiste ist. Ole wünscht sich einen Hund. Er sucht ein Buch mit vielen Informationen. Max hört sich Informationen lieber an. Karim hat selbst einen Hund und will ihm Tricks beibringen. Hannes mag die Olchi-Bücher. Melina möchte gern einen Film sehen. Zum Glück ist für jeden etwas dabei.

Lesekiste zum Thema *Hunde*

1. Was ist Was? Band 11. Hunde (Sachbuch)
2. Was ist Was? Hörspiel Hunde (CD)
3. 101 Hundetricks für Kids (Sachbuch)
4. Große Hunde, kleine Hunde: Hunderassen aus aller Welt (Sachbuch)
5. Oscar. Ein Hund findet ein Zuhause (Bilderbuch)
6. Die Olchis und der Schmuddel-Hund (Kinderbuch)
7. Das magische Baumhaus – Abenteuerliche Mission ins Reich der Tiere (Kinderbuch)
8. Zwei Detektive und ein Hund (Kinderbuch)
9. Pets (Kinderfilm-DVD)

2 Welche Medien sind in der Bücherkiste? Kreuze an.

☐ Buch ☐ DVD ☐ Spiel
☐ Zeitschrift ☐ CD

3 Welche Medien wählen die Kinder aus? Schreibe die Nummern aus der Liste.

Ole: ____________ Hannes: ____________

Max: ____________ Karim: ____________ Melina: ____________

4 Welches Medium interessiert dich am meisten? Schreibe die Nummer aus der Liste auf. ____________

Medien anlassbezogen und interessengeleitet auswählen
Möglichkeiten der Informationssuche kennenlernen
Über das eigene Leseinteresse nachdenken

Datum: ____________

1 Lies das Diagramm.

Diese Medien nutzen 8- bis 9-jährige Kinder alleine

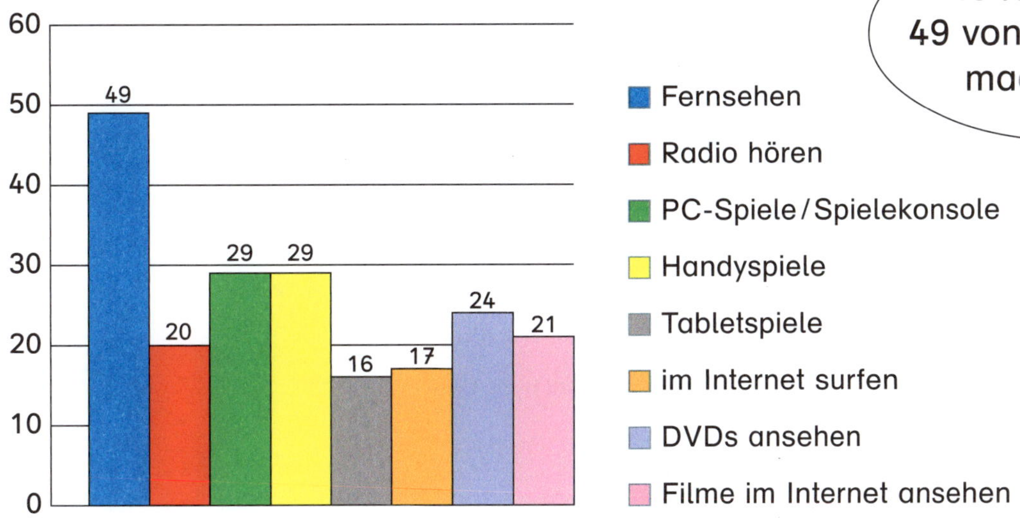

2 Beantworte die Fragen. Schreibe.

a) Was nutzen die meisten Kinder? ____________

b) Was nutzen die wenigsten Kinder? ____________

c) Spielen mehr Kinder auf dem Handy oder auf dem Tablet?

____

3 Was nutzt du am häufigsten? Kreuze an.

- ☐ Fernsehen
- ☐ Radio
- ☐ Tablet
- ☐ Spielekonsole
- ☐ Handy
- ☐ Internet

4 Welche Regeln gibt es für dich, wenn du dieses Medium nutzt? Schreibe.

____

____

Eine Fantasiegeschichte lesen

Datum: ______________

1 Lies die Überschrift und schau dir die Bilder an.
Was könnte ein **Tafiti** sein? Schreibe.

____

2 Lies die Geschichte.

Große Geburtstagsüberraschung
von Julia Boehme

Tafiti und Pinsel haben jede Menge zu tun. Tafitis Bruder Tutu hat nämlich morgen Geburtstag und da brauchen sie natürlich Geschenke. Zusammen sitzen sie in ihrem Zimmer. Pinsel malt ein wunderschönes Bild für Tutu. Eifrig tunkt er seine Ohren in die Farbe. Wozu ist er ein Pinselohrschwein?! Und Tafiti schnitzt seit Tagen schon an einer Flöte. Tutu liebt Musik und alles, was damit zu tun hat. Damit Tutu sie nicht erwischt und die Überraschung vermasselt, verrammeln sie die Tür. Und wer kommt natürlich vorbei? Tutu! Er rüttelt an der Klinke.

„Nanu? Warum ist da zu?“, ruft er verwundert. „Lasst mich rein!“

„Nein“, grunzt Pinsel.

„Doch“, widerspricht Tutu.

„Geht nicht“, antwortet Tafiti.

„Natürlich geht das“, behauptet Tutu.

„Nein, tut uns leid“, sagt Tafiti hinter der Tür.

„Tut euch gar nicht leid!“, ruft Tutu sauer. „Immer hängt ihr zusammen. Ihr seid echt gemein!“

„Aber Tutu“, grunzt Pinsel. „Das stimmt doch gar nicht!“

S. 41

Überraschung hin oder her – Tafiti und Pinsel öffnen die Tür. Aber da ist Tutu schon verschwunden. Mit einem Knall schlägt seine Zimmertür zu. Tafiti klopft zaghaft an. „Dürfen wir reinkommen?“ Und als keine Antwort kommt, drückt er vorsichtig die Klinke hinunter. Aber Tutu hält seine Zimmertür zu. „Tutu, lass uns rein, bitte!“, ruft Tafiti. „Nein, ihr habt mir ja auch nicht aufgemacht“, brummt Tutu. „Aber es war doch wegen deines Geburtstags!“, erklärt Pinsel. „Mir doch egal“, ruft Tutu zurück. Und die Tür bleibt zu. *(verändert)*

3 Welche Figuren kommen in der Geschichte vor? Kreuze an.

☐ das Erdmännchen Tafiti
☐ Pinsels Bruder Tutu
☐ die Erdmännchenmutter
☐ das Geburtstagsmonster
☐ Tafitis Bruder Tutu
☐ das Pinselohrschwein Pinsel

4 Welche Geschenke basteln Tafiti und Pinsel für Tutu? Markiere im Text.

5 Lies die Sätze und kreuze an.

	stimmt	stimmt nicht
a) Tafiti und Pinsel wollen nichts mehr mit Tutu zu tun haben.	☐	☐
b) Tafiti und Pinsel lassen Tutu nicht in ihr Zimmer.	☐	☐
c) Tutu fühlt sich ausgeschlossen und ärgert sich über Tafiti und Pinsel.	☐	☐
d) Tutu öffnet seine Zimmertür für Tafiti und Pinsel.	☐	☐

6 Wie könnten sich die 3 wieder vertragen? Schreibe deine Ideen.

Ein Buch vorstellen

Datum: ______________

1 Wähle ein Buch aus, das du gelesen hast.

Titel des Buches: ____________________

Autorin / Autor: ____________________

2 Worum geht es in deinem Buch? Kreuze an.

☐ Freundschaft ☐ Tiere ☐ Abenteuer ☐ Wissen ☐ ____________

3 Welche Personen, Tiere oder Dinge kommen im Buch vor? Schreibe.

____

____

4 Suche im Buch Bilder aus, die du bei der Vorstellung zeigen willst.
Schreibe die Seitenzahlen auf.
Überlege dir, was du zu den Bildern sagen willst.

Seite: ______ Seite: ______ Seite: ______

5 Bewerte das Buch. Begründe.

Ich gebe dem Buch ☆ ☆ ☆ ☆ ☆, weil ____________________

____

6 Stelle das Buch einem Partnerkind vor. Benutze,
was du auf dieser Seite aufgeschrieben hast.
Denke auch an die Bilder.

____
Unterschrift Partnerkind

S. 44

Ein Kinderbuch nach eigenem Interesse auswählen
Informationen für eine Buchvorstellung aufschreiben
Ein Buch vorstellen